U0761822

马克思研究丛书之五

马克思工资劳动与资本

（德）卡尔·马克思 著
朱应祺 朱应会 译

中央编译出版社
CCTP Central Compilation & Translation Press

图书在版编目 (CIP) 数据

马克思工资劳动与资本 / (德) 卡尔・马克思著；朱应祺，朱应会译．-- 北京：中央编译出版社，2022.5
（马克思研究丛书）
ISBN 978-7-5117-4037-3

I. ①马… II. ①卡… ②朱… ③朱… III. ①《雇佣劳动与资本》 IV. ① A121

中国版本图书馆 CIP 数据核字（2021）第 217612 号

马克思工资劳动与资本

责任编辑	张　科
责任印制	刘　慧
出版发行	中央编译出版社
地　　址	北京市海淀区北四环西路 69 号（100080）
电　　话	（010）55627391（总编室）　（010）55627362（编辑室） （010）55627320（发行部）　（010）55627377（新技术部）
经　　销	全国新华书店
印　　刷	北京文昌阁彩色印刷有限责任公司
开　　本	710 毫米 ×1000 毫米 1/16
字　　数	27 千字
印　　张	6
版　　次	2022 年 5 月第 1 版
印　　次	2022 年 5 月第 1 次印刷
定　　价	2888.00 元（全 9 册）

新浪微博： @ 中央编译出版社　　**微　　信：** 中央编译出版社（ID：cctphome）
淘宝店铺： 中央编译出版社直销店（http://shop108367160.taobao.com）（010）55627331

本社常年法律顾问：北京市吴栾赵阎律师事务所律师　闫军　梁勤
凡有印装质量问题，本社负责调换，电话：（010）55626985

馬克斯研究叢書之五

馬克斯

工資勞働與資本

朱應祺
朱應會 合譯

上海泰東圖書局印行

工資勞働與資本

譯者小引

本書是馬克斯於一八四七年，在布魯塞爾（Brussel）德國勞動者協會的講義。一八四九年已連載於「新萊因報」上。到了一八八四年，才以(Lohnarbeit und Kapital)（工資勞動與資本）的名義，刊爲小册子。流行於世，極受民衆歡迎。各國都有譯本，日本河上肇博士，早已譯出。不滿三年，即銷售三萬餘部。本叢書就是轉譯河上博士的。

目錄

工資勞動與資本

第一章 緒言

我們雖然主張：今日的階級鬥爭及國民鬥爭，是由物質基礎的經濟關係所構成，但是沒有充分去說明這種經濟關係，當然受各方面的攻擊。我們的計畫，是想等着這種經濟關係，直接發現于政治衝突時，才去說明他。

考察現在歷史上的階級鬥爭，根據現在和未來的歷史材料由經驗上證明以下的事實，是最先的急務。法國二月革命與三月革命的結果，勞動階級，大受壓迫；同時，勞動階級的反對者，（什麼法國的資本共產主義者哪，和全歐大陸的封建專制主義鬥爭的市民階級及農民階級哪，）也被征服了，法國「穩健共和政」的勝利，同時就是那以英雄的獨立戰爭，對付二月革命的諸國民的滅亡；最後，歐洲各國征服革命的勞動者，同時就復歸舊時的二重奴隸制。即是轉變爲英國兼俄國式的奴隸制。巴黎的七月暴動；維也納的陷落；一八四八年十一月柏林的悲喜劇；波蘭，意大利及匈牙利絕望的努力；愛爾蘭的飢饉和衰頹：這些都是歐洲資本階級與勞動階級鬥爭的主要因素。我們依此，又可以證明以下的事實：一切革命的勃發，在表面上，他的目的，雖不像是爲階級鬥爭，在革命的勞動階級未獲得勝利以前，一定會失敗的；在無產者革命與封建的反革命各持武器，實行世界戰爭以前，一切的社會改良，都不過是紙上空文。實際的說來，在我們敘述的裏面，比利時及瑞士，——一方是市民君主制的模範國；他方是市民共和制的模範國；兩國都自誇爲與歐洲革命及階級鬥爭無關係的國家。——好像是在歷史畫上的一副悲喜劇的寓意諷刺風俗畫。

但是，到了一八四八年，階級鬥爭，已變爲政治上很重大的關係，這是人人所共見的。所以詳細討論我們所主張的經濟關係——資本階級及其階級支配的存立，與勞動者的奴隸化，都根據這種經濟關係（的基礎）而成立的。——的時期，已經到了。

我現在把這個問題分爲三大部分說明：第一，工資勞動對于資本的關係，勞動者的奴隸化，資本家的支配：第二，在現代制度之下，中等市民階級及農民階級，不可避免的末路；第三，歐洲諸國的資本階級，在商業上隸屬于世界市場專制王的英國，並且被英國榨取。

我想把這些事實，最簡單，最通俗的，說明一下，而且不把經濟學最初步的概念爲前提，務必使勞動者能夠理解。關于這最簡單的經濟關係，在德國方面，凡掛着維持現狀招牌的人，及空想社會主義者，以及十分高明的政治天才家之間，——德國的分裂，與其說是有利于王侯，不若說是有利于這班先生們，——都有一種最大的錯誤和混亂的概念流行。

請先論第一的問題。

第二章　工資是什麼？究竟如何決定的？

如果有人問勞動者：「你的工資多少？」有的一定答應說：「我的資本家(Bourgeois)，每日給我一佛郎」；有的一定答應說：「我每天得的工資，是二佛郎。」他們所說的金額，都是資本家對于他們工作的報酬。例如，織一碼的麻布，排一張紙的活字，他們必各自舉出資本家所給他的金額。他們的說法，雖各有不同，但是，所謂工資，是資本家對于一定勞動時間，或一定勞動所支付的金額，這一點，他們是完全一致的。

換句話說：資本家以貨幣購買勞動者的勞動，勞動者受領貨幣，把他們的勞動出賣給資本家。「表面上是這樣，其實，這完全是一種錯覺。實際上，勞動者取得一定的貨幣，賣勞動力(Arbeitsproft)給資本家，(Kapitalist)資本家即以一日或一星期或一月等期間計算，購買勞動者的勞動力。他出了一定的貨幣以後，必要勞動者在約定時間內，從事勞動，而他就消費這種勞

馬列主義研究著作典藏文庫　馬克思研究叢書

動結果】（【】這種括弧內，是表示恩格斯的補註，以下仿此。——譯者註。）資本家把和購買勞動者的勞動【力】同一的金額（例如二佛郎的金額）能够買得砂糖二磅，或其他各種商品的一定量。他買砂糖二磅的二佛郎，就是砂糖二磅的價格。他購買十二時間的勞動【力的使用】，所用的二佛郎，就是十二時間的動勞價格。所以勞動【力】和砂糖商品一樣，同是一種商品。不過前者以鐘表計算，後者以衡量計算罷了。

勞動者和資本家雙方的商品交換，就是勞動【力】和貨幣的交換，這種交換，必須根據一定的標準。例如，使用勞動力若干時間，（註一）卽以若干貨幣來交換；卽織布十二時間，須以二佛郎的貨幣來交換。但是。這二佛郎的貨幣不僅是交換十二時間織布，且是代表凡人都能以二佛郎購買其他的一切商品。所以實際上，勞動者的商品，（勞動【力】），在一定標準之下。對於一切種類的商品，都能實行交換，又如，資本家給勞動者以二佛郎的貨幣，就是對于勞動者一日的勞動（Arbeitstag）給以肉若干，衣服若干，薪炭燈火若干的一樣。所以這二佛郎貨幣，就是勞動【力】對于其他種商品交換的標準率。即表示勞動者勞動力的交換價值商品的交換價值，若以貨幣來表示他，這就叫做是該商品的價格。所以工資就是勞動【力】的價格【世人稱他做勞動價格，】的特別名稱；換言之，就是除卻人類的肉和血外，別無內容的特別商品的特別名稱。

(註一)馬克斯的原文，是「對于若干勞動」——(考茨基註)。

現在我們不問他種類如何，試舉一織布工的例來說明這個道理。資本家供給織布工機器和絲綿，他即從事織布工作，織成織物。這種織物卽歸資本家占有。比方賣得二十佛郎。這時候，我們敢斷定的說：織布工的工資，決不是他自已勞動生產物——織物——二十佛郎中的一部分。因爲沒有賣却織物以前或在織物還沒有織成以前，恐怕織布工業已取得他的工資。所以資本家支付勞動者的工資，並非由賣却織物所得的貨幣而支付的，乃是用他預先貯有的貨幣而支付的。織布機和絲綿，是資本家供給的，不是織布工的生產物；同樣，能够和織布工的商品——勞動【力】——交換的諸商品，也不是他的生產物。資本家也許不能發見購買織物的人；縱或把織物賣却，也不能得到他所支付工資的金額；又或賣得比支付工資幾倍的利益，也是不能預料的。但這些損益，和織布工，完全沒有什麽關係。資本家把他所有的財產——他的資本——的一部分，購買織布工的勞動【力】，這和他把他所有的財產的他部分，購買原料如絲綿及勞動器具等，（註二）是一樣的。他把這些東西購入以後，——購入品中，生產織物必要的勞動【力】，也在裏面，——

只須用這些原料和勞動器具，從事生產便了。織布工當然是一勞動器具，他和織布機相同，關于生產物或生產物的代價，並沒有半點分潤的。

〔註二〕「勞動器具」Arbeitsinstrument，「資本論」裏面，多寫做勞動手段，Arbeitsmittel ——據考茨基的補註。

因此，勞動者的工資，不是勞動者所生產的商品上的分配。乃是資本家用來購買一定量生產勞動【力】的既存商品的一部分。

所以勞動【力】是他的所有者，卽工資勞動者（Lohnarbeiter），賣給資本家的一個商品。爲什麼他要賣他呢？就是因爲要維持生命。

但是，【運用勞動力】的勞動，是勞動者維持自已生命(Leben)的活動(Tätigkeit)，且是他自己生命的表現(Lebensäusserung)。勞動者因欲取得必要的生活資料，就把生命的活動，賣給第三者。所以他的生命的活動，不過是他自己一種維持生存的手段。他爲着生活而勞動；他的勞動，與其說是算做他生活的一部分，毋寧說是算做他生活的一種犧牲。勞動這個東西，是他賣給第三者的一個商品。所以他活動所得的生產物，也不是他活動的目的。他爲他自己所欲生產的東西，一不是他織機上所出的布疋，二不是他由鑛山上所掘出的金塊，三不是他所欲建築的宮殿。他爲他自己所生產的東西，就是工資。他所工作的絹布，金塊，及宮殿等，都變爲他一定量的生活資料，即是，想必已變爲綿布的衣服，銅貨，及地下室（工人住所）之類。勞動者在十二時間內，織布，紡紗，鑿坑，廻轉轆轤，建造房屋，使用煤抄，破碎石頭，或運搬物品等，這些工作，對于他生活的表現(Ausser ving seines Lebems)，到底有生活(Leben)的價值嗎？我敢斷定他生活意義，可謂適得其反。他要完了這些工作以後，才能向食卓，或酒店，或寢床等，開始他的生活。反之那十二時間的勞動，如織布，紡紗，鑿坑等本身，沒有甚麼意思，他的勞動，是要能够得到利益，使他可以吃飯，可以飲酒，可以睡眠，才有意思。如果蠶虫是爲維持他幼虫的生命，而從事織繭，那末，他眞可算是一個澈底的工資勞動者了。

勞動【力】不能說什麼時候都是商品；也不能說什麼時候都是工資勞動（卽自由勞動(freie Arbeit)）。奴隸不是單賣勞動【力】於奴隸所有者。和牛不是單賣勞動於農夫的一樣。因爲奴隸的所有者，可以把奴隸和他和勞動，一齊出賣於人。卽奴隸是能夠由一所有者，自由讓給其他所有者的一種商品。所以奴隸本身，是一種商品，而他的勞動【力】，則不是他的商品了。農奴(Leibeigne)不過賣他勞動【力】的一部分（註三）；他的工資，並非由土地所有者取得的；那土地所有者，反到徵收他一定的貢賦。卽是農奴隸屬于土地，他對于土地的領主，繳納一定的收獲。反之，今日的自由勞動者，不但是賣却自已本身，而且零賣自已本身。他把他的生命，八時間，十時間，十二時間，或十五時間不等的，今日或明日的，賣給出價最高的八，卽是賣給那原料，勞動器具，及生活資料的所有者。換言之，卽是賣給資本家。勞動者本身，本不屬于任何所有者，也不隸屬于土地；但是，他的生命，每日八時間，十時間，十二時間，或十五時間不等的，隸屬于那購買勞動的八。一方，勞動者不高興的時候，可以隨意離開僱用他的資本家；他方，資本家以爲僱用勞動者不能再發生利益，或不能發生所豫期的利益的時候，也可以隨意開除勞動者。但是，勞動者所得的唯一泉源，就是出賣他的勞動【力】。所以如果他想圖謀生存，他就不能和購買勞動力的資本階級，斷絕關係。他雖是不隸屬于甲或乙那種特定的有產者，總可算是隸屬于有產階級全體。所以他的勞動力，應該出賣什麼人，即在有產階級中找尋誰是他的受主，這就是他的工作。我于詳細的研究資本與工資勞動的關係以前，想把決定工資的要緊的一般關係，簡單說明一下。

工資，是勞動【力】——特定的一種商品——的價格。以前說過了。所以工資也是以決定一切商品的價格同一原則而決定的。然則。商品的價格又是如何決定的呢？這就是我們要討論的問題。

第三章　商品的價格是如何决定的呢？

商品的價格，因買賣者間的競爭，因需要(Nachfrage)(對于)供給(Zufuhr)的關係，卽提供(Angebot)(對于)要求(Begehr)的關係而决定。决定商品價格的競爭，有三種：

同種類的商品，由各種販賣者提供；以最廉的價錢，賣却同質商品的販賣者，必定能驅逐其他販賣者於市場之外，而使自己多量的賣出。因此，賣者互爭販賣市場，都想賣却自己的商品，並想盡力賣却多量的商品，且欲排斥其他賣者而獨占市場。所以凡屬販賣者，都想比其他賣者以價廉的出賣。于是販賣者間。遂發生一種競爭，而他們所提供的商品價格，也不得不低落了。

其次，即爲購買者間的競爭，這種競爭，就是使商品的價格上騰。

最後，爲買賣者的競爭；一方總想買得便宜，他方乃總想賣得高價。買賣者間這種競爭的結果如何，全視前述兩方面的競爭關係如何，即買者方面的競爭和賣者的方面競爭者誰強誰弱而決定的。產業的大戰場裏面，有二大軍隊，互爲對峙，各軍隊的各隊伍裏面，又有自己的兵士和兵士的戰爭。這二大軍隊中，內訌最少的軍隊，才可以打敗和他對立的軍隊。

假使市塲只有棉花百捆，同時有購買棉花千捆的人。這時候，需要就是十倍於供給了。因此，購買者間的競爭，很激烈。他們各人無論如何都想買得一捆，甚至於想買得百捆。這個實例，並非無根據的假定。商業史上所載：棉花歉收的時候，有些資本家，互相聯合，不僅百捆，連世界的棉花，都一齊收買，以壟斷利益。在這個時期，買者中一人，因想驅逐他人。所以肯出比較的高價，購買棉花。棉花的賣者，看見敵人陣內的軍隊，互相爭鬥，而且他們所有的棉花百捆，一定能夠全部賣掉。因此，他們就注意：他們的敵人互相競爭，抬高棉花價格的時候，他們不可自己內訌，以低下棉花的價錢。于是，賣者的軍隊，忽然停止競爭。他們對于買者，共同一致，所要求的價錢，——只要那最熱心的買者，出得最高價錢時候，——是無制限的。

要之，一種商品的供給，比需要少的時候，賣者間競爭的很少，或者完全沒有競爭，賣者間的競爭，既是減少，同時，買者間的鬬爭，必定等量的增大。結果，商品的價格，自然有多少的上騰。

和以上的現象相反的時候，一定惹起反對的結果，凡人都知道的。又供給太超過需要的時候，一定就會發生賣者間絕望的競爭，或買者的缺乏，或商品極廉價的賤賣等現象。

㊟然則，所謂價格的上騰或下落，是什麼呢？換句話說：所謂高價或廉價，是什麼呢？一粒的砂用顯微鏡來看，就覺得很高，一座塔和高山相比，就覺得很低。價格旣是由需要及供給的關係而決定，試問那需要及供給，又由什麼而定的呢？

我們試把這個問題，去求那大實業家解答，他一定毫不躊躇的，和第二個亞歷山大帝一樣，以九九表來解釋這個形而上的難問。他說：「假使我所賣的商品的生產費，是一〇〇佛郎，我賣却牠，——不用說，在一年以內，——得了一一〇佛郎的時候，這是普通最眞實的正當利潤。假使能夠得一二〇。或一三〇佛郎，可以說這是高利潤；又假使能得二〇〇佛郎，這就是異常的巨大的利潤了。」這時候，這實業家所謂利潤的標準，是什麼呢？就是他的商品的生產費。如果和他的商品交換，所回收的他種商品的分量，比他的商品的生產費少的時候，他就算是折了本了，反之，他所回收的他種商品的分量，比他的商品生產費多的時候，他就算是賺了錢了。所以他照着他的商品的交換價値，是否收支相抵，變爲零數，卽此生產費多或少的程度，而計算利潤的高低了。

需要及供給關係的變動，發生價格的上騰或下落，卽價格的高低的理由，以前說過了。假使某商品的價格，因供給不足，或需要的激增，極端上騰的時候，他種商品的價格，必定跟看下落。因爲，所謂某商品的價格，不過是用貨幣來表現牠和他種商品的交換關係。例如，絹布一碼的價格，由五佛郎上騰到六佛郎的時候，銀的價格，因爲和絹的關係，而下落；同樣，從前保持原有價格的其他一切商品，都跟着絹價而下落。因此，凡想得同量絹布的，都非增加這些和絹布交換的商品的分量不可。然則，一商品價格的上騰，有什麼影響呢？大概資本都流入旺盛的事業方面，並且要等到那事業，不能獲得普通以上利潤，或生產物的價格，（因爲生產過剩），達到生產費以下的時候，那資本的移動，才能中止的。反之，商品的價格，如果下落到生產費以下，資本就會由這事業移動到他事業去。除了這部門的事業，已不適合時代的要求，非中止不可外，這種商品的生產，因資本移動的關係，非等到他的供給，回復和需要一致的原狀之後，或非等到牠的價格，再上騰到生產費的水平線上之後，又或——因爲商品的市價，（der Kourante Preis）常在商品生產費水平線以上或以下——非等到供給減少到需要以下。因此，商品的價格，再上騰到生產費的水平線以上之後，（這種商品的生產）還是繼續的減少。

因此，資本的收入或放出，常繼續不斷的由一事業的領域轉移到他事業的領域。商品價格上騰，就是促進資本的加入；商品的價格下落，就促進資本的退出。

我們又可從他種觀察點，說明：供給需要，是由生產費決定的理由。但因爲與現在的問題相隔太遠，所以從略。

需要及供給的變動，把商品的價格，還元于生產費的水平線上，以前說過了。商品的實際價格。無論如何都是常常在生產費的水平線以上或以下，但是，上騰和下落，是互相抵消的，所以如果在一定的期間內，把事業的興衰期合併計算，就可以知道：商品是以生產費爲標準，而互相交換的；因此，商品的價格，是依生產費而決定的了。

商品價格，由生產費而決定；但不可照普通經濟學者所說的意味去理解他。經濟學者說：「商品的平均價格，等于生產費，這是經濟的法則。」他們把上騰下落的互相抵消，——無秩序的動搖，——看做是偶然性。但是，我們以同一的權利，和其他經濟學者所說一樣，可以把動搖看做是法則，把依生產費而決定的事實，看做是偶然性。而且要這種動搖，——精密的觀察起來，這種動搖，伴着最可怕的破壞，就和地震一樣，把有產者社會（bürgerliche Gesellschaft），從根底推翻，——在進行中，才能依生產費而決定價格。這種無秩序的全經過，就是秩序。在產業的無秩序的進行中，在這種循環的運行中，所謂競爭，就是由一方的變動，和他方的變動相抵消的意義。要之，商品的價格，是由牠的生產費而決定的；商品的價格，騰貴至生產費以上的期間，可以和他的價格下落至生產費以下的期間相抵消。如果發生反對現象的時候，也能夠適用這種兩相抵消的原則。但是，這種方法（原則），並非單只適用于某種產業上各個生產物，乃是適用于該產業部門全體的；所以又並非單只適用于某個產業物，乃是適用于產業家全階級的了。

依生產費而決定的價格，等于依生產商品必要的勞動時間而決定的價格。因為，生產費：第一，是由原料及器具，〔的

馬列主義研究著作典藏文庫　馬克思研究叢書

損耗】(Instrnment)，即由生產商品所消費的一定的勞動日並且是由代表一定量勞動時間的產業生產物而成立：第二，是由以時間爲測量標準的直接勞動而成立的。

第一節　勞動(力)的生產費

一般的說來，規定商品價格的一般法則，當然。決定工資即決定勞動的價格。

工資依需要供給的關係而上騰或下落；詳言之：即依勞動【力】的買者資本家，和勞動【力】的賣者勞動者的競爭狀態如何，而決定的。一般商品的價格，時有高低，同樣，工資的變化。也是繼續不斷的。但是在這種變動之中，勞動的價格，是依其生產費而決定，即是依生產所謂勞動【力】這個商品所必要的勞動時間而決定的。

然則勞動【力】的生產費，是什麼呢？

勞動【力】的生產費，是勞動者爲維持勞動者的生計，而且爲受勞動者【的】教育所不可缺少的費用。

因此，假使練習一種勞動必要的教育期間短促。那勞動者的生產費，也必定不多，同時，他的勞動價格，即工資、也必定低廉。在某種產業部門內，勞動者不要練習技術的期間，只要勞動者的肉體強健，就算夠了的時候，那生產勞動者必要的生產費。只限于維持他能夠勞動的生活狀態必要的商品罷了。所以他的勞動價格，是依生活必要品的價格而决定的。

但是，還有一樁應注意的事：即製造業者計算他的生產費，並且根據這生產費，而計算生產物的價格時，他一定會把勞動器具的損耗，加在上面。例如，一台機械的價格，是千佛郎，而且只能用十年，就要從新掉換的時候，製造業者預計將來的掉換，就必定每年于商品價格內，加上百佛郎；同樣，單純勞動力的生產費內，也必須加算生殖的費用，使勞動者繁殖種族，與更換新勞動者。所以勞動者的死亡和機械的損耗，是同樣加算于生產費內的。

因此，單純勞動力的生產費，總計起來，就是勞動者的生存費和生殖費。這生存費和生殖費的價格，就構成工資。這樣決定的工資，就叫做最低工資。

最低工資，和依生產費而決定的商品價格相同。不是單只適用于一個人的，乃是適于勞動階級全體的。一個勞動者乃至數百萬勞動者，不必盡是獲得維持生活而且繁殖子孫充分的工資，但由勞動階級全體看來，工資的變動，是和這最低限度一致的。

工資及規定其他各種商品價格的一般法則，既如上述，如今且把這問題，再詳細的考察一下。

第二節　資本是什麽

資本是由原料，勞動器具，及各種生活資料構成的，並且是使用于生產新原料，新勞動器具，及新生活資料的東西。資本的構成分子，都是由勞動作成的，勞動的生產物，就是一種貯蓄的勞動。所以用于新生產做爲生產手段的貯蓄勞動，就是資本了。

一般的經濟學者，都說：「黑奴(Negor)是什麽？就是屬于黑色人種的人類。」他們說明的價值，不過這樣罷了。

黑人仍舊是黑人，他要在一定狀態之下，才變爲奴隸的。

紡織機械是織布的機械，牠要在一定狀態之下，才算做資本。如果牠離開這種狀態，就不能够算爲資本，正和金子本身，不是貨幣，砂糖本身，不是砂糖的價格一樣（註）。

（註）「資本論」第一卷，第二十五章，脚註，二五六，即引用上述的一段，（參照考茨基版六九三頁——（譯者）

人類生產物品時，不獨對于自然，施以動作，且人類之間，亦互相協動。人類在一定方法之下，共同動作，且互相交換各人的活動，才能够生產物品。因爲要生產物品，所以人類都加入一定的聯絡，及一定的關係，並且社會上，也要有一定的聯絡，及一定的關係，然後對自然施以動作時，才能有效，若此才能生產。

生產者互相加入的這些社會關係，——他們在這些社會關係之內，交換各人的活動，分担生產總和中的工作，——因生產手段的性質不同，而這些社會關係，也就當然不同了。例如，鎗砲新發明以後，軍隊的內部組織，當然會起變動；不唯各人在軍隊內的位置，和對于軍隊全體的關係，發生變化，而且各軍隊的互相關係，也會發生變化的。

各人在某種條件之下，從事生產的社會關係，即是社會的生產關係；這生產關係隨着物質的生產手段，——生產力的變動及發展而變化。這些生產關係的總和就叫做「社會關係，」又名「社會。」這個社會，有一定歷史的發展階段，有固有的特殊的性質。例如，古時的（如希臘羅馬等的）社會，封建的社會，及有產者的社會等(Die bürgerliche Gesellschaft)，都是這種生產關係的總和，而且各社會都在人類歷史上，表示一種特定的發展階段。

資本也是一種社會的生產關係。即是在有產者社會中，有產者的生產關係。資本是生活資料，勞動器具，及原料等所構成的。這些東西，豈不是在某種社會條件之下，一定社會關係之內，所產出，所貯蓄的嗎？又豈不是在某種社會條件之下，一定社會關係之內，利用于新生產的嗎？這種有一定的社會的性質的東西，而且利用于新生產的生產物，就是資本了。（參照本叢書第一種柯諾氏著「馬克思的經濟概念」第三章——譯者註。）

資本不單只由生產手段、勞動器具，及原料構成，又不單只由物質的生產物構成，並且是由交換價值而構成的。構成資本的一切生產物，就是商品。所以資本不僅是物質的生產物之一定分量，並且是商品的一定分量，或交換價值的一定分量，又或有社會性質的物品之一定分量。

我們雖然以綿花來交換羊毛，以米來交換麥，以輪船來交換火車；如果棉花，米，及輪船——這些都是資本的實體，——的交換價值及價格，和資本的變形的羊毛，麥，及火車相同，那資本當然是仍舊存在的。資本本身，絲毫不變，而資本的實體，可是有不斷的變化。

但是，一切資本，雖可說是商品的或交換價值的總和，然而不能說商品的或交換價值的總和，就是資本。

交換價值的總和，是一個交換價值，換句話說：我們把交換價值，籠統的合計起來，仍然不過是一個交換價值，各個交換價值，也是交換價值的總和，（即一個交換價值，也是交換價值的合計量。）例如，有一千佛郎價值的一棟房子，即有一千佛郎的交換價值，同樣，只有一個生丁（Centine）（百分之一佛郎）價值的一張紙，也有把百分之一生丁百倍的交換價值，即百分之一生丁交換價值的總和。但是，和他種生產物能夠實行交換的生產物，都是商品。這些物品，能夠實行交換的一定比率，就是牠們的交換價值，用貨幣來表示牠們的交換價值，就是所謂價格，這些生產物的分配多少，決不能影響牠們的性質，如商品的性質，或表示一種交換價值的性質，或表示一定價格的性質等等。例如，樹木雖有大小，然仍不失爲樹木，我們把鐵和他種生產物實行交換的時候，那鐵的分量，一斤或是一噸，對于鐵的性質，如商品的性質及交換價值的性質等，決沒有什麼影響。鐵的分量多少，只能有價值大小的區別，或價格高低的不同罷了。

然則，一定量的商品，即一定量的交換價值，如何會變成資本呢？這些商品，必須一種獨立的社會上的力，即社會上一部分的力，和那直接的有生命的勞動【力】(Lebendige Arbeitskraft)相交換，以維持自已而且增加自己時，才能成爲資本。除了勞力以外，別無所有的一階級的存在，才是資本成立所不可缺少的前提條件。

從前貯蓄的，且變爲物體的勞動，要支配那有生命的直接勞動，才能使貯蓄勞動，變爲資本。

資本不是由有生命的勞動，利用貯蓄的勞動于新生產而成立的；乃是由貯蓄的勞動，利用有生命的勞動，以維持他的(卽貯蓄的勞動)交換價值，而且增加他的(同上)交換價值而成立的。

第三節　工資勞動與資本的互相關係

資本【家】與工資勞動【者】互相交換的時候，發生一種什麼現象呢？勞動者把他的勞動【力】，和資本家交換，而獲得生活資料；資本家把他所有的生活資料，和勞動者交換，而獲得勞動，卽勞動者生產的活動，卽勞動者的創造力。勞動者依這種力的作用，不唯能夠收回他所消費的東西，而且能夠增加貯蓄勞動（即資本）的價值。因此，勞動者由資本家獲得現存的生活資料的一部分；但是，那生活資料，對于勞動者，有什麼用處呢？這是很容易明白的，就是供他的直接消費。但是，假使我消費生活資料，那生活資料，必定和消費同時消滅，決不能恢復原狀，引伸之：我依那生活資料，維持生活的期間，縱然利用他來生產新生活資料，換句話說：我消費那生活資料時，縱然把我的勞動，用于生產新價值，而補充漸次消失的價值，但是，那生活資料，必定會和消費同時消滅，決不能恢復原狀的。那可貴的複生產力，在和勞動者所獲得的生活資料交換時，一定會離開勞動者而入于資本家手中。所以勞動者爲着自己

馬列主義研究著作典藏文庫　馬克思研究叢書

的生存，就把那可貴的複生產力，輕輕的失掉了。

試舉一例：地主給日工每日工銀五格魯先（Groschen德國小銀貨，）日工每日得了五格魯先之後，必須鎮日在地主的田園上耕作；而地主因此可以確實獲得十格魯先。即，地主不唯能夠收回他所支付的價值，並且可以獲得二倍的價值。地主把支付于日工的五格魯先，利用于生產果實的生產方法上面，而消費所生產的物品。他以五格魯先買得日工的活動及勞力，由這活動及勞力，又產出價值二倍的土地生產物。即是由五格魯先的工資，作出十格魯先價值的商品。反之，日工把他的生產力，讓給地主，而獲得五格魯先；又把這五格魯先，和生活資料交換，然後把生活資料逐漸消費。所以五格魯先的消費方法，到有兩種：對于資本家，是複生產的；而對于勞動者，是不生產的。因爲資本家把五格魯先，和能夠產出十格魯先的勞動力交換。所以說是複生產的；又因爲勞動者把五格魯先，和生活資料交換，再把生活資料，永久的消費無餘，並且他要和地主，反覆實行這種交換，才能夠重行獲得價值，所以說是不生產的了。據此看來，資本以工資勞動爲前提，而工資勞動，也以資本爲前提。兩者是交相依附，互爲因果而發生的。（Das Kapital Setzt die Lohnarbeit, die Lohnarbeit Setzt das Kapital voraus Sie bedingen sich wechselseitig, Sie bringen sich wechselseitig hervor.)(此節與下二段，是由「資本論」第一卷，第二十一章，末尾（考茨基版五一四頁）脚註引用的——譯者。）

棉花工廠的勞動者，單只生產綿製品嗎？不是！他也生產資本。他支配他自己的勞動，（Seine Arbeit zu Kommandiren），依此更進爲產出新價值而生產有用的價值。

資本要和勞動【力】交換，使工資勞動活動時，才能够增加。又假使工資勞動者的勞動力（註），和資本交換，則資本一定會增加，而且牠（資本）奴隷勞動者的力量，也一定會強厚。所以**資本的增加**，就是**無產者即勞動階級的增加**了。

（註）馬克斯的原文，只有「工資勞動」（Lohnarbeit）一字

，恩格斯却把他修正，做爲「工資勞動者的勞動力」數字。

所以有產者及有產者的經濟學者，都是主張：「資本家和勞動者的利害一致」。實在不錯！如果資本家不雇用勞動者，那勞動者就會不能生存；又如果資本不榨取勞動力，那資本也就會消滅無餘。但是，資本家若要想榨取勞動【力】，就不可不購買勞動【力】。用于生產的資本，卽生產資本增加愈速，那產業也因之愈加發達；有產者愈加富厚，事業也愈加興旺：因此資本家所雇用的勞動者也愈多，勞動者的工資也必定愈高：這都是自然的趨勢。

因此，勞動者欲維持他的相當生活，最要緊的條件，就是趕快把生產資本儘量的增加。

但是，生產資本的增加，是什麼意思呢？就是增大貯蓄勞動對于有生命勞動的權力。又可說是增大有產者支配勞動階級的權力。假使工資勞動者生產那支配他的，他人的(Fremd)（與他無關的）富，或和富相敵對的力，或資本以後，那雇傭他的資料，即工資勞動者的生活資料，在下記條件之下，必再回復原狀。即，工資勞動者的生活資料，又再變爲資本的一部分，更以加速度的速力，變爲增加資本的利器。

所謂資本家的利害和勞動者的利害一致，不過是說資本及工資勞動，是一個的，並且是同樣關係的兩方面。兩者的關係，正與那放重利者和紈袴子的關係同樣，兩者相伴，然後能夠成立。

工資勞動者，仍舊是工資勞動者，他們的運命，是受資本家支配的，這就是膾炙人口的勞資利害一致的眞相。

資本的增加，促進工資勞動分量的增加，同時又促進工資勞動者數目的增加。籠統的說來：資本間支配勢力，就越發蔓延于多數民衆上面了。我們如果從最好的方面看來，就可以說：生產資本的增加，促進勞動需要的增加，因而提高勞動價格。（卽增加工資）。

房屋的大小，且不去管他，只要這房屋周圍的房屋，都是同樣的狹小，那末，也可以作爲我們的住所，滿足一切社會的慾望。但是，假定一間草舍傍邊，建築了一所高堂大廈，兩相比較，這間草舍，當更覺得小之又小了。這時候，我們當然可以知道：居住這間草舍的人，是完全不能主張什麼權利的人，或是只能主張極小限度權利的人了。這間草舍，雖然因文明的進步，可以改築相當高大；但是，如果他隔壁的高堂大廈，也改築修繕同樣的高大，或建造，比他更高大，那末，住在這極狹小草舍裏的人，當越發感覺得不愉快，不滿足，而且不高興的了。

工資極端的騰貴，原來是因生產資本驀然的增加，而生產資本驀然的增加，又惹起富的，奢侈品的，社會的慾望，及社會的享樂等急激增加。因此，勞動者的享樂，縱然有所增高，但和那資本家所增加的享樂相比較，望塵莫及。若與社會一般的發展程度比較，則他們所得社會的滿足，又是九牛一毛了。我們的慾望及享樂，既是由社會上發生的，所以我們必須以社會來測量他們，不可把滿足他們的對象物來測量他們。他們因有社會的性質，所以他們的性質，是相對的。

第四節　名義上的工資，實質上的工資，及相對

的工資

一般的說來，工資的多寡，不單是依工資和他交換的商品分量而決定的，此外還有種種關係，都能夠影響工資的多寡。勞動者把勞動【力】賣給資本家，而獲得一定額的貨幣；然則，工資是單只由這貨幣價格而決定的嗎？

十六世紀在美國發見【豐富的而且容易採掘的】鑛山以後，流通于歐洲的金銀，因此增加；其結果，金銀的價值，由金銀和他種商品交換比率上說來，遂變低落了。但是，勞動者把勞動【力】賣給資本家，所獲得的銀貨額，仍舊和以前相同，換句話說：他們勞動的貨幣價格，依然不變，而且他們的工資下落，因爲他們以同量的銀貨，和他種商品交換，而不能得到和以前同量的商品。這是促進十六世紀資本的增加及有產者勃興的一種原因。

再舉一例：一八四七年冬，歉收的結果，最必要的生活資料，如穀物，肉類，牛油，乾酪，等的價格，極端上騰；這時候，假定勞動者的工資（貨幣額），和以前相同，那末，他們的工資，當然是下落了。他們若以同量的貨幣，和麵包，肉類，等交換，而所得的分量，當然比以前少得多。所以這時候，他們的工資，不是因爲銀的價值減少，乃是因爲生活資料的價

值增加，而下落的

最後，假定勞動的貨幣價格，和以前相同，而新機械的應用，豐作，及其他的結果，一切農產物及工業品的價格，都下落了。這時候，勞動者以同量的金額，可以買得比以前較多的商品，所以貨幣價值雖然沒有變動，而他們的工資，是騰貴了的。

因此，勞動的貨幣價格，即名義上的工資，（der romine le Abeitslohn），和實在的（實質上的）工資，即能够和事實上的工資交換的商品量，決不是一致的。所以我們如果論到工資的騰貴或下落，就必須于勞動的貨幣價格之外，更論到實質上的工資。

但是，工資裏面所包含的關係很多，不是只論或到名義上的工資，（即勞動者賣身于資本家的貨幣額），及眞實的工資，（即勞動者以貨幣購得的商品量），兩者，就能夠完了的。

工資是什麼的問題，姑置勿論；但，工資的多寡，又是由對于資本家的利潤的關係而決定的。這就是關係的，相對的工資，(verhältnissmässiger, relativer Arbeitslohn)。

實質上的工資，和他種商品價格相比較。就是表示勞動的價格。反之，相對的工資，對于由直接勞動新生產出來的價值，和貯蓄勞動（即歸于資本的部分）相比較。表示勞動者所獲得的部分（註）。

（註）這段的後一部分，馬克思的原文如下；「反之，相對的工資，是對于積蓄勞動價格關係上，直接勞動的價格，是工資勞動與資本的關係的價值，又是資本家與勞動者的相互價值。」

「勞動者的工資，不是勞動者所生產商品的分配，乃是資本家用來購買生產勞動【力】一定量的既存商品的一部分」，前前已說過了。但是，資本家把勞動者所生產的生產物賣却以後，即由賣却該生產的所得價格的中，收回已支付的工資。他回收工資的時候，差不多原則上必須產生生產費以上的剩餘價值，這就叫做利潤。勞動者所生產的商品賣價，在資本家方面說來，可以分做三部分。即，第一，資本家收回他所買來的原料價格及器具，機械和其他勞動工具的消耗；第二，收回他已支付的工資；第三，除以上的各種收回外，即是資本家的利潤。其中，第一部分，不過是回收既存的價值，至于工資的回收及資本家的剩餘利潤，都是由勞動者的勞動所產生的，而且是加于原料上面的新價值發生的。在這種意義上，我們可以把工資，看做是勞動者生產物的分配，而與利潤互相比較一下(註)。

(註)這一段完全是恩格斯添補的。

實質上的工資，仍舊不變，縱然上騰，而相對的工資，反有時下落。例如，假定一切生活資料的價格，比從前的價格低落三分之二，而一日的工資，比從前只低落了三分之一；例如自三佛郎下落至二佛郎時，勞動者以二佛郎購得的商品量，比他以前以三佛郎購得的，還要多些。然而，他的工資，比較資本家的利潤，反却減少，即是資本家（例如工業家）的利潤，增加了一佛郎，換句話說：他支付勞動者的交換價值，比以前減少了一佛郎，而勞動者所生產的交換價值，反比以前增加了。所以資本家所得的分配，比勞動者所得的分配，到反增加。因此，資本勞動之間，社會的富的分配，越發不平等，而資本家更可以把同一資本，支付多數勞動者。資本階級對于勞動階級的權力，也越發增加，勞動者社會的地位，就越發低下，而存于兩階級間的溝渠，也就越發深刻了。

第五節 決定工資和利潤的相互關係上漲跌的一般法則

然則決定工資和利潤相互關係上漲跌的一般法則是什麼呢？

就是：工資及利潤的關係，是互相反對的資本的分配（註一），（即利潤）；在勞動的分配（註二）（即工資）下落的時候，就和工資同一比例的增加，（即利潤和工資成反比例——譯者註）反對的時候，也呈反對的現象。利潤是和工資下落同一程度的騰貴，又和工資上騰同一程度的下落。這就是決定工資和利潤。相互關係上漲跌的一般法則了。

（註一）馬克思的原文，是：「資本的交換價值。」

（註二）馬克斯的原文，是：「勞動的交換價值。」

也許有反對論者這們說：「新市場開發的結果，或舊市場上需要增加的結果，對于資本家商品的需要，也就增加，因此．他能够把自己的生產物，和其他的資本家實行有利益交換，而得利益」。又有人說：「資本家的利潤，和工資（卽勞動【力】的交換價值）的上騰及下落，沒有關係，若由在第三者地位的資本家，獲得多大利益時，就可以使利潤增加。」又有人說：「資本家的利潤，依勞動器具的改良及自然力的新應用等，可以使他增加。」

但是，我們第一要注意的是：雖然那經過是反對的，但結果却仍舊是相同的。如反對論者所說，實在不是因爲工資下落，而後利潤才上騰，乃是因爲利潤上騰，而後那工資（相對的工資）才下落的。資本家以同量的「他人的」勞動，獲得比從前較多的交換價值，而且不因此就增加對于勞動的支付額。所以結局，勞動者的工資，在和資本家所得純益的關係上，比較從前是下落了的。

其次應注意的是：商品價格，雖然有變動，但各商品的平均價格，——一商品和他商品的交換比例，——仍歸是由他的生產費而決定的。所以資本階級間的剩餘利益，一定會達到平均狀態的。機械的改良，及生產上自然力的新應用，在一定勞動時間內，以同一分量的勞動及資本，雖然能夠產生比較多量的生產物，但決不能產生比較多量的交換價值。例如，利用紡績機械，雖然比較機械沒有發明以前，于一時間內，能夠織出兩倍的絲，例如由五十磅可以增加到壹百磅，但是，當交換的時候，以這百磅的絲所獲得的商品，決不能夠多于以前以五十磅換得的商品。因爲他的生產費已減少了一半，換句話說：因爲以同一的費用，產生了兩倍的生產物。

最後，無論一國或全世界，凡資本階級間的純益分配，無論以何種方法分配，這個純益的總額，除却貯蓄勞動依直接勞動使全體的增加外，是再不能增加的。所以這純益總額的增加，是在勞動增加資本的比例上，即純益總額的增加，是在利潤比工資騰貴的比例上而增加的。

第六節　資本和勞動的利害是正相反對

觀以上所述，我們就可以知道：縱令我們只在察觀資本及工資勞動關係的內部，但是，資本的利害和工資勞動的利害，是正相反對的。

資本急激的增加，就是利潤急激的增加，若要使利潤急激的增加，就必須把勞動的價格，（相對的工資）急激的低下。縱令眞正的工資和名義上的工資，（勞動的貨幣價格）同時高漲，如果相對的工資，不和利潤同一比例的上騰，那末，相對的工資，反可以說是下落了。例如，事業界景氣暢旺的時候，工資雖然漲高了百分之五：但如果利潤增加了百分之三十，那相對的工資，不唯不能說是增加，反可說是減少了。

因此，但勞動者的收入，雖然因資本急激的增加而增加，但同時勞動者和資本家間的社會的裂痕（Klus），就越發顯明，而資本對于勞動的支配，及勞動對于資本的依賴，也就越發的深沉了。

資本急激的增加，對于勞動者有一種利害關係，不過是下記的意思；即勞働者當他人的(Fremd)財富(即資本家的財富)急激增加時，資本階級團體，日漸擴大，越發和他們分離，而形成一種階級。于是被雇傭指揮的勞動者，也就越發增加，因此，那受資本壓迫的奴隸，也就越發增多了。

據上述的理論和事實，我們可以知道：勞動階級最有利的狀態，是資本極端急速的增加，雖然如此，可以改善勞動者相當的物質生活，但是，無論如何，總不能消滅資本家和勞動者間反對的利害關係。所以利潤和工資，自始至終，仍舊是反比例。

資本急激的增加時，工資也當然能够上騰；但工資的上騰，遠不及資本利潤的騰貴；勞動者的物質狀態，雖然能够改善；但他們的社會地位，還是低下。因此，勞資間社會的界限，就越發森嚴了。

最後，上面說的生產資本急速的增加，是對于工資勞動最有利的條件，是什麼意思呢？就是，勞動階級愈增加他們敵對的力，即愈增加和他們利益相反的，而且支配他們的富的時候，他們就愈替有產者增加他的富，或增加資本的力，而更加勞

馬列主義研究著作典藏文庫　馬克思研究叢書

動，因此勞動者滿足這樣作繭自縛的行爲，這就是最有利的條件。

生產資本的增加和工資的騰貴，果如資本主義經濟學者所主張，是兩相關聯不可分開的嗎？我們當然不能信他的片面之辭。又不可信他們所說：「資本愈增加，資本的奴隸的生活，也愈改善，」這類的話。古時的封建諸侯，率引許多臣民，以誇示他的華美，如果今日的資本家，也懷這樣的僻見，他就非十分的自覺或細心計算不可。且資本家爲生存的關係所迫，也不得不實行計算。所以我們現在對於這個問題，更在次節過細的研究一下。

第七節　生產資本的增加對于工資的影響

生產資本的增加對于工資，有什麼影響呢？

有產者社會的生產資本，如果是全體的增加，那各方面的勞動集積，必更加多。並且資本家的數及量的兩方面，都同時增加。又因資本家的增加，而資本家間的競爭也是同樣的增加。又一個人資本的量的增加，在產業界戰場上，可說是供給一種巨大的武器，以爲統率有力勞動軍的手段。

一個資本家，若要驅逐他資本家於市場之外，欲打倒該資本家的資本的時候，就非賤賣自己的物品不可。但是欲賤賣自己的物品，又要保全自己不破產，又非以廉價生產該物品不可。換句話說：即非極力增高勞動的生產力不可了。但勞動的生產力，必須由分業的進步，或機械的普及，和不斷的改良等才能够增高。依分業的作用，分担勞動的勞動軍愈多，而且應用機械的規模愈大時，那生產費也愈加減少，勞動的生產力，也就愈加增高。所以資本家們，都互相競爭，以增加分業及機械，並且大規模的利用這些東西以實行他們的掠奪(Ausbeuten)。

假使現在有一資本家，依分業的增進，或依新機械的應用及改良，更利用較有力而且較廣大的自然力，以勞動(註)或貯蓄勞動的一定量，發見能够比他的競爭者生產較多商品的手段，例如在同一勞動時間內，他人只能織出麻布半碼，而他可以織出一碼時，這資本家將什麼樣的行動呢？

他雖可以把半碼麻布照着從前的市價出賣，但這種辦法，還不能驅逐他的敵人於戰場之外，並且不能擴張他自己的販路。如果他的生產擴充了，他當然感覺有擴張商品販路的必要。所以他所感覺到的(ins Leben gerufen)更有力而且更高價的生產手段，就是使他賤賣他的商品，同時又使他販賣他更多量的商品，那使他獲得極大的商品販路。若此，這資本家才能够把他這半碼麻布，比他的競爭者以廉價的出賣。

(註)此處所謂「勞動，」是「直接勞動的意味，而所謂

「貯蓄勞動，」即是指由勞動所生產的原料機械等。

但是，這資本家生產一碼麻布的費用，雖然不多于他資本家生產半碼的費用，但他決不會以他的競爭者半碼的賣價，賣却一碼麻布。如果他是這樣，（卽以他的競爭者半碼的賣價，賣却一碼，）他就必定不能得到一些剩餘，只能夠依交換的關係，而囘收已付的生產費罷了。他所以能夠得到比從前大量的收入，實是因爲他比從前能夠週轉較大量的資本，並非因爲他比他人善於運用資本。還有一層，只要他把他的商品比他的競爭者廉賣百分之一，就可以達到他所希望的目的。他以廉價的手段，當然可以由戰場驅逐他的競爭者於市場之外，縱不然，也可以侵佔他人銷路的一部分。最後，我們須注意以下的事實：卽商品的價格，因產業界的暢旺或衰落，而時有變動，有時上騰到生產費以上，有時又下落到生產費以下。例如，麻布一碼的市價，上騰到從前一般生產費以上，或下落到從前一般生產費以下時，那利用新的或有利的生產手段的資本家，以實際生產費以上的價格．販賣商品的百分率，(Prozent)一定會跟着這上騰，或下落的變動，而高低的。

但是，資本家的特權，決非永久不變的。因爲和他競爭的資本家，也能夠利用同樣的機械及同樣的分業，而且有時利用的規模，比他的還要廣大。這些利用的結果，不唯使麻布的價格，低落到從前的生產費以下，並且能夠使他低落到新生產費以下。這種價格的低落，就因此成為一般的普遍的事實了。

所以資本家互相間的關係，又漸次變為未採用新生產手段以前的狀態了。假使資本家利用那種生產手段，能夠以從前的價格，供給二倍的生產物，那末，到了現在，他們就不得不在舊價格以下的價格，供給二倍的生產物了。在這種新生產費的標準上面，資本家間，又再開始同一的競爭。于是分業愈多，機械的利用也愈多，而利用機械及分業的規模，也就愈大了。於是他們的競爭，從這結果而發生反動的作用。

我們以上，對於什麼生產方法生產手段，不斷的變更改良哪，什麼勞動的分割（即分業，）必然的促進更大的勞動分割哪，什麼機械的應用，引起更大的機械應用哪，什麼大規模的事業，惹起更大規模的事業哪，……都大概說明過了。

這就是使資本的(bürgerliche)生產，不斷的逸出常軌，而且是強制那增加勞動生產力的資本，使更加緊張的法則。這法則毫不給人休息，只不斷的催人「前進！前進！」

再說一句；這不外是在商業盛衰期間內，使商品的價格必然的和生產費一致的法則罷了。

資本家在戰場上所用的生產手段，無論如何有力，然競爭的結果，都漸次會變為一般的。生產手段既變為一般的以後，他的資本增加生產力唯一的結果，就是：他必須以從前的價格，供給十倍，二十倍，乃至百倍于以前的商品了。但是，生產物販賣的分量增加以後，賣價必定下落；資本家若想償却這賣價的下落，就非把販路擴張，千倍于以前不可；其次，資本家不唯想多得利益，而且想收回商品的生產費，——生產手段，逐漸上騰，前已說過，——所以又非極力販賣多量的商品不可：復次，這種多量的販賣，不唯是他一個人的死活問題，而且是他的競爭者的死活問題；有以上三種原因，所以發明的生產手段愈多，他們的那種爭鬥也就越發激烈。如是，那分業及機械的應用，將更發生重大的規模組織。

利用于生產的生產手段，他的力量如何，姑置勿論，但因爲那競爭，使商品的價格和生產費一致，所以生產手段所產出的金錢，常被競爭奪去，換句話說：廉價的生產，即是以同量的勞動，能够產生多量的生產物，因此在同一種程度內，再產生廉價的生產物，即以同一的價格，供給更多量的生產物，就成了一個命令的法則。有了這種法則，商品的價格，自然會和生產費一致，而生產手段所產出的金錢，受這種法則的支配，也就當然的有被競爭奪去的傾向了。所以資本家在同一勞動時間內，有供給較多量生產物的義務，再詳細的說：資本家依自己的努力，對于他資本的增加，除却造出越發困難的條件外，別無所的得了。但是，競爭的時候？那生產費的法則，不斷的壓迫資本家；此外，資本家對于他的敵人所鑄造的武器，掉轉過來，又變了對于自己的武器；同時，資本家不斷的採用貴重而且生產廉價品的新機械及分業，以代舊式的生產器具等：總而言之，資本家不斷的棄故就新，不想落于人後，以求在競爭場裏，獲得最後的勝利便了。

我們如果想到：**全世界市場**，同時有這種熱狂的躍起運動發生，就可以知道：那不斷的，急躁的，而且以加速度擴大其規模的分業，及新機械的應用，或舊機械的完成等，都不外是資本增加，貯蓄，及集中的結果。

分業及機械等，既然和資本增加，有密切關係，然則，他們對于工資的決定，到底有什麼影響呢？

分業進步以後，勞動者一人可以做五人，十人，乃至二十人的工作，所以勞動者間的競爭，也就增加了五倍，十倍，乃至二十倍。勞動者不但是競爭要比別人的勞動賤賣，並且要競爭的以一人而担任五人，十人，乃至二十人的工作。所以，因資本的引導及促進的分業，就是驅使勞動者互爲競爭的重要因素。

再則，分業進步以後，勞動業務，也同時簡節，而勞動者的特別技術，也因此減少價值。于是，勞動者就變成一種簡單的，單調的生產力，毫無肉體或精神伸縮力的必要。他的勞動，任何人都能做得到，所以競爭者就從各方面來壓迫他。我們更須注意以下的事實：即，勞動越發簡單，勞動技術也越發容易學習，因此，他所要的生產費，就越發減少。勞動的價格，和他種商品相同，是依其生產費而決定的，勞動的生產費．既然減少，那工資也就當然越發下落。

勞動愈變為不滿足的職業，那競爭同樣的增加，工資也跟著下落。勞動者想維持工資，所以或延長他的勞動時間，或在同一時間內，取得較多的工資。總之，他非比較從前辛苦勞動不可了。勞動者如此行動，實是迫于不得已而來，殊不知這樣做去，到使分業不幸的影響，更加增大，結果，弄得勞動者越發辛苦勞動，他的工資越發減少。因爲勞動者越辛苦的工作，就越表示他對于夥友的競爭，使他的夥友們，都同樣變爲競爭者，大家屈從於資本家惡劣條件之下，結局，勞動階級的成員間，變了一種互相競爭的狀態了。

機械的影響更大；機械利用的結果，不熟練勞動者，驅逐熟練勞動者，或女子代替男子，又或幼年工代替青年工；再則，資本家因採用新式機械，那手工業者，因此失業，徊徘街頭的，不知多少，又或因機械的發達進步，有了生產多量物品工具之後，勞動者的失業，雖不若從前之多，但也是常有解雇的事。以上是資本家相互間在產業上競爭的大概情形。資本家所以能够在戰場上博得勝利，與其說是勞動軍的募集，毋寧說是勞動軍的退伍。這就是產業戰爭的特徵，資本家將軍互相競爭看是誰人能够使多數產業兵卒退伍，誰就能够獲得勝利。

經濟學者告訴我們說：「因利用機械而失業的勞動者，必定會在他種新產業部門，找尋新職業。」

但他們也並沒有直接主張這些失業的勞動者，確實能够在新產業部門的勞動上面，得到工作。這種主張的錯誤，可以用事實來證明他。經濟學者所主張的，不過是以下的意味：即，那新職業是對于勞動階級的其他構成部分，例如對于今後想在將要滅亡的產業部門勞動的年輕勞動者開放的。這種現象，不用說是失業勞動者的救星了(註)。他方，對于資本家先生們，也是再好沒有的。因爲那從新被掠奪的肉及血，一時絕對沒有缺乏的杞憂，死了人，只要把他埋掉就算够了。所以以上的事實，與其說是對于勞動者的安慰，毋寧說是對于資本家的安慰。工資勞動階級全體，如果因利用械機，完全消滅，那資本必定會失却資本的資格。因爲資本和工資勞動，是互相依賴的。工資勞動的消滅，就不外是資本的消滅，豈不是最可怕的一回事嗎？

(註)這句話含有諷刺的意思，年輕的人，雖然有職業，

但對于失業者，就沒有辦法了，

現在假定因機械的發明，直接失業的勞動者，及在該事業有希望的年輕勞動者全體，已經有了新職業。這時候，勞動者從這些職業上面，到底能夠得到和以前失去的同樣的報酬嗎？這是和一切經濟法則相反的事實。近世產業的傾向是常常以簡單的下等工作，來代那比較複雜比較高等工作，前已說過了。

據此看來，我們就可以知道：因機械而失業的勞動者們，除了低下工資之外，沒有別的出路了。

但是除了這原則外，別的增加勞動者的產業部門，就是機械製造業。因為產業上機械的需要及消耗愈多，那機械的增加

馬列主義研究著作典藏文庫　馬克思研究叢書

，也當然愈重要，而機械的製造及從事製造的勞動者的工作，——在這部門的勞動者，都是熟練的，而且有教育的勞動者，——他就越發增加了。

這種主張，若在從前，也有片面的理由。但一八四〇年以來，這種眞理連外觀都沒有了。因爲製造機械時，也和綿花工業同樣，多半利用各種機械去製造，而從事機械製造的勞動者，對于有最高技能的機械，也只能做些沒有技能的工作，他的技能，也無從發揮了。

但是，工廠裏面豈不是有時用幼年工三八，及女工一八，來代替因機械而失業的男工嗎？不錯！這種事實，也許有的。

但是，男工從前的工資(註)，豈不是應該能够贍養家族，卽一婦人和三小孩的嗎？最低工資，是不是應該能够維持勞動階級，而且使他繁殖的嗎？然則，那有產者所高唱的這種言辭，究竟是什麼意思呢？就是：在今日若想要獲得勞動者家族一家的生活資料，就非消費四倍于從前的勞動者生命(Arbeiterleben)不可了！

要之，生產資本愈增加，那分業及機械的應用，就愈擴張；分業及機械的應用愈擴張，那勞動者間的競爭，就愈激烈；而他們的工資，也就愈低落。

還有一層，比較上流社會的人，也逐漸變爲勞動階級，卽小企業者及小資本家，靠利息為生的許多人，都墮落為勞動階級。這些人除了跟着勞動者貢獻(Erheben)他們的腕力外，再沒有別的方法。依此，張開在天空，而要求勞動的勞動者手腕日見增多，而手腕本身，反到日形瘦瘠了。

大規模的生產，是產業界成功的第一條件，而小企業者在產業戰爭上，是常常失敗的，因為小企業者資力薄弱，不能同時經營大規模的生產，所以不能戰勝大資本家，這是自然的道理。

資本的數量越發增加，那資本的利息，就越發下落；資本的利息越發下落，那靠着資本利息為生的人，就越發不能生活；所以他們又不得不自己經營事業，而與小工業爲伍。因此，無產階級候補者的數，也就逐日增加，諸如此類的現象，都是沒有說明的必要。

最後，資本家迫于上述的情勢，把既存的巨大生產手段，利用于大規模的生產。因爲要達這個目的，又必須運用一切信用機關的彈力；所以產業上的地震，就越發增加；產業地震的時候，商業界（Handelswelt）必須把一部分的生產物，及生產力本身的一部分，貢獻于地底的神靈們，才能够保全自己。總而言之，產業上的恐慌，只有一天一天的增加便了。這種恐慌，單只根據以下的理由，都是只有加多，而且越形激烈的傾向。

即，生產物的分量，越發增加，因此市場擴張的欲望，越發增加的時候，那世界市場，也會跟着他越發縮小。而且每有一次恐慌，那從前還沒有被征服的，或單只表面上被掠奪過的市場，都從新隸屬于世界商業領域。所以其餘有被掠資格的新市場，也一定是只有減少，沒有增加的。但是，資本不能以勞動爲維持生活的手段，尊大和野蠻兼而有之的君主，把自己本身和他的奴隸的死屍，及因恐慌而死亡的大批勞動者，一齊都埋葬在墳墓裏面。因此，我們就知道：如果資本急激的增加，那勞動者間的競爭，也急激的增加，即勞動動階級的職業手段，及生活手段，也因此急激的減少。雖然如此，那資本急激的增加，

馬列主義研究著作典藏文庫　馬克思研究叢書

是對于工資勞動最有利的條件了。

（十七，六，三，下午脫稿。）

中華民國十八年五月初版

馬克斯

工資勞働與資本

版權所有不許翻印

原著者 馬克斯

翻譯者 朱應祺 朱應會

發行者 趙南公

印刷者 泰東圖書局 上海大連灣路五十號

總發行所 泰東圖書局 上海四馬路中市

分售處 各省各大書局

印數 1—2000

定價 大洋四角

外埠函購寄費加一